U0472459

云 南 大 学
怒江傈僳族自治州民族宗教事务委员会
怒江傈僳族自治州文物管理所
合作研究项目成果

怒江傈僳族自治州馆藏文物研究

赵 美 李秉涛 编著

科学出版社
北 京

图书在版编目（CIP）数据

怒江傈僳族自治州馆藏文物研究 / 赵美，李秉涛编著. -- 北京：科学出版社，2020.3
ISBN 978-7-03-064693-4

Ⅰ.①怒… Ⅱ.①赵…②李… Ⅲ.①博物馆-历史文物-研究-怒江傈僳族自治州 Ⅳ.①K872.742.4

中国版本图书馆CIP数据核字（2020）第043059号

责任编辑：张亚娜 / 责任校对：邹慧卿
责任印制：肖 兴 / 书籍设计：北京美光设计制版有限公司

科学出版社 出版
北京东黄城根北街16号
邮政编码：100717
http://www.sciencep.com

北京华联印刷有限公司 印刷
科学出版社发行 各地新华书店经销

*

2020年3月第 一 版　开本：889×1194　1/16
2020年3月第一次印刷　印张：15 1/4
字数：418 000

定价：280.00元
（如有印装质量问题，我社负责调换）

《怒江傈僳族自治州馆藏文物研究》

编撰委员会

主　　任	李兰花	普利颜	张皓天	杨建梅	
副 主 任	刘艳兰	刘燕雄	杨赓源		
委　　员	朱培华	管云东	丁玉军	潘文芝	怒卫明
	张根文	李　春	李富国	张鸿新	蔡武碧
主　　编	赵　美	李秉涛			
副 主 编	贺桂芝	张云飞	杨金山	杨　捌	范中生
编　　委	成映辉	杨金娣	金开军	李毓蕊	杨松灵
	张育宝	陈映莲	段灿英	和中华	姚　静
	付官琴	安玉芳	吴海燕	麻应忠	尹　域
	陆金平	王莉珍	胡玉兰	马琳玲	欧建军
	罗翠花	杨淑芝	张学英	邬兴洪	和丽福
	李合三	和法堡	肯波华	陈尚丽	赵俊杰
摄　　影	杨金娣	庞爱明			
图片编辑	李　楠				

序

云南怒江傈僳族自治州（简称怒江州）位于滇西北崇山峻岭之中。横断山脉的高黎贡山、碧罗雪山和云岭山脉、担当力卡山脉巍峨耸立；金沙江、怒江、澜沧江三条大河穿越州境，由北向南奔腾而下，形成怒江大峡谷"三江并流"奇观。

复杂的地形地貌、特殊的自然环境，使怒江州成为一个多民族聚居之地。全州有傈僳族、怒族、独龙族、普米族、白族、彝族、景颇族、藏族、纳西族、傣族、回族、汉族等22个民族居住。

除傣族、回族、汉族外，怒江州内的傈僳族、怒族、独龙族等9个少数民族均为氐羌系的民族。自新石器时代以来，我国陕西、甘肃、青海等西北省区氐羌民族的先民沿横断山脉形成的河谷通道，不断迁徙南下，带来富有我国西北风格的氐羌文化，在云南新石器时代的文化类型中，滇西北地区的新石器时代文化就是氐羌民族的先民们创造的。该书中的长条形石斧、长方形的双孔石刀就是新石器时代的氐羌文物。

从现有考古资料来看，怒江州在三千多年前的商代已进入青铜时代，这本书中所发表的若干青铜实心铜斧和钺应该是商代青铜器。在云南青铜时代文化区系中，怒江州属滇西北地区青铜时代文化，书中的弦纹铜钺与剑川海门口遗址出土的商代弦纹铜钺造型、纹饰均十分接近，是同一文化的同类器物。螺旋纹柄的铜剑是滇西北和洱海地区富有特征的青铜兵器。

总体来看，怒江州石器、青铜器数量不多，但很重要。这些文物证明了云南少数民族的先民们从石器时代以降数千年来，世世代代就生活、繁衍在祖国西南边疆这片崇山峻岭之中，对北连祖国西藏，南邻中南半岛缅甸的怒江州而言，这一点就显得尤为重要了。

怒江州馆藏的民族文物颇具特色，由于1949年以前，怒江州内各民族处于不同的社会发展阶段，有的民族处于半封建半殖民地社会，有的民族处于封建社会的农奴制阶段，有的民族如独龙族甚至还停留在原始社会阶段。这样，怒江州内就保留了一批颇有特色的民族文物，这本书中的木质碗、杯、盒、盘、勺、瓢、臼、桶等生活用品，就是那一时期怒江州少数民族生活的真实写照。

是为序。

李昆声

2018年8月7日

前言

怒江傈僳族自治州（简称怒江州）位于云南省西北部，地处东经98°09′—99°39′，北纬25°33′—28°23′，南北最大纵距320.4千米，东西最大横距153千米，面积14703平方千米。怒江州东连迪庆藏族自治州、大理白族自治州、丽江市，南接保山市，北靠西藏自治区林芝市察隅县，西邻缅甸。州府驻地泸水市六库镇距昆明614千米。

怒江历史悠久，文物丰富。考古资料证明，早在石器时代，怒江地区就有了人类活动：在兰坪县的通甸镇玉水坪洞穴发现了旧石器、新石器时代遗址，在金顶镇马鞍山发现了新石器时代遗址；在福贡县境内匹河乡发现的腊斯底岩画、吴符岩画；另外，在怒江州境内的多地还采集、征集到了大量的磨制石器。在青铜时代，青铜生产工具在怒江地区也得到普遍使用：怒江文物工作者在兰坪县营盘镇松柏村、中排乡大土基村、兔峨乡松登村，福贡县石月亮乡米俄洛村、鹿马登乡施朵村、匹河乡瓦娃村和泸水市古登乡、六库镇新寨村、上江镇蛮云村等地发现和征集到了青铜斧、青铜钺、青铜剑等代表性遗物，表明在青铜时代怒江地区的生产、生活已发生根本变化。

根据史料记载，现怒江州所属行政区在汉代分属越巂（今四川省西昌）、益州、永昌（今保山）等郡。晋魏时期分属永昌、云南、河西等郡。唐（南诏）时期，兰坪、碧江、福贡、贡山属剑川节度，泸水属永昌（今保山）节度。宋（大理国）时期，兰坪设澜沧江郡（后改兰溪郡），属谋统府（今鹤庆）；碧江、福贡、贡山属兰溪郡；泸水属胜乡郡（今永平县）。元代，兰坪设兰州土知州，属丽江路；贡山隶临西县（今维西县）并与碧江、福贡统属丽江路；泸水分属云龙甸军民府和永昌府。明代，兰州（兰坪）土知州、碧江、福贡统属丽江军民府；贡山隶临西县（今维西县）康普、叶枝土千总，属丽江军民府；泸水怒江东岸设六库、老窝土千总，属云龙州，怒江西岸设登埂、鲁掌土千总和卯照土把总，赖茂、上江等称十五喧，属永昌府保山县。清代，兰州土知州改土归流，设兰州知州；兰州、碧江、福贡统属丽江府；贡山属维西厅菖蒲桶区；泸水六库、老窝土千总属云龙州，登埂、鲁掌、卯照土千总，赖茂、上江等称为十五喧，属永昌府保山县。

1912年1月，云南怒俅殖边总队分路进入怒江，成立了知子罗、上帕、菖蒲桶（今贡山）三个殖边公署，在兰坪县营盘街设立殖边总局。将属保山县的登埂、鲁掌、卯照及原属云龙县的六库、大兴地等地合并，成立鲁掌行政公署。1916年（民国五年），知子罗、上帕、菖蒲桶殖边公署改为行政公署。1928—1936年（民国十七年至二十五年），各行政公署先后改为泸水、碧江、康乐（后改为福贡）、贡山设治局，分隶于丽江和腾冲行政督察专员公署。

1949年4月至1950年1月，兰坪、碧江、福贡、贡山、泸水相继解放，废除设治局建制，成立碧江区、福贡区、贡山区、泸水县，分属丽江专区和保山专区；1954年8月，怒江傈僳族自治区成立，辖原属丽江专区的碧江、福贡、贡山3县，并将原属保山专区的泸水县划归怒江傈僳族自治区；1956年10月，贡山县改为贡山独龙族怒族自治县；1957年1月，怒江傈僳族自治区改为怒江傈僳族自治州，并将原属丽江专区的兰坪县划入怒江傈僳族自治州。1986年9月，撤销碧江县建制，原碧江属地分别划归泸水县和福贡县。1987年11月，改兰坪县为兰坪白族普米族自治县，2016年7月改泸水县为泸水市。至2020年，怒江州辖泸水市、福贡县、贡山独龙族怒族自治县和兰坪白族普米族自治县，全州共有29个乡镇（9镇、17乡、3民族乡）、255个村委会，17个社区。

怒江州境内居住傈僳族、怒族、独龙族、普米族、白族、彝族、汉族、纳西族、藏族、傣族、回族、景颇族等22个民族，是一个多民族、多种宗教信仰和多种风俗习惯并存的自治州，各民族在长期的生产和生活实践中，用自己的勤劳和智慧，创造了各具特色、绚丽多姿的民族文化，留下了众多的物质和非物质文化遗产。由于怒江地区山高谷深，交通不便，怒江境内的各民族之间、各民族与内地各民族之间的交往非常困难，所以时至今日，怒江各民族的文化一直没有受到大的外来文化的冲击，许多民族仍然保留着比较原生态的民族文化，使怒江享有人类学、民族学博物馆的美誉。

截至2020年初，怒江州文物管理机构共收藏珍贵文物1800余件，一般文物8200件，并对1700件收藏在各单位的可移动文物进行了管理登记；共公布文物保护单位89项，其中国家级2项，省级10项，州县市级77项。

本书是在怒江州民族宗教事务委员会支持下，怒江州文物管理所与云南大学合作的项目成果之一，项目开始时计划编辑出版宣传怒江文物的《怒江傈僳族自治州馆藏文物图集》，但是随着项目的推进，考虑到怒江州文物管理机构收藏的文物种类多，用文物图集这种传统形式，不但工作量太大，而且不利于文物学的研究，为了突出项目工作的科学性，经过项目组的研究，决定运用文物分类学的方法，首先出版石器、青铜器、陶器和木器部分，之后将陆续编著出版有关竹器、民族服饰、民族手工艺制品、民族建筑、茶马古道、怒江岩画等一系列著作，从而使怒江的文物研究工作具有科学性、系统性。

本书包括石器、青铜器、陶器和木器四个部分，虽然已经进行了认真的收集和编著，但由于时间和技术等原因，青铜器部分中，由于发掘报告未出版公布，所以收录不全；陶器部分关于制陶技术没有办法收录，还好有另外一部赵美、李秉涛著的《怒族、藏族、彝族手工制陶的考古学调查研究》可以弥补这方面的不足；木器部分主要收录了生活用具，木质生产工具、木质艺术品等未收录，这是本书的遗憾。但无疑本书将开创怒江历史文化和民族文化系统性、深入性研究的先河。

2003年7月，怒江州拥有了三江并流世界自然遗产这一张世界级的靓丽名片，并成为国际旅游、中国旅游、云南旅游的主要目的地之一，但是怒江州旅游业的另外两大支柱——历史文化和民族文化的研究与宣传还存在短板，怒江州文物管理所全体工作人员，将竭尽全力，立足怒江，联合省内外的力量，努力开展深入的研究，弥补历史文化和民族文化的短板，为加快怒江州文旅融合发展，实现怒江州经济的转型做出贡献。

目　录

序 ·· 李昆生 i
前言 ·· iii

石器

石斧 ·· 002
石锛 ·· 050
石刀（石镰） ·· 059
石凿 ·· 068
石针 ·· 070
石垫 ·· 071

青铜器

铜斧 ·· 074
铜钺 ·· 079
铜剑 ·· 097
铜箭箙 ··· 100
铜矛 ·· 102
铜镦 ·· 104
铜饰 ·· 105
铜铃 ·· 107

陶器

陶釜 ·· 110
陶罐 ·· 119
陶锅 ·· 122
陶火锅 ··· 123
蒸酒器 ··· 125
承酒器 ··· 129
冷凝钵 ··· 130
祭箭筒 ··· 133

木器

木缸 ·· 136
木桶 ·· 140
木罐 ·· 158
木甑子 ··· 162
木瓶 ·· 163
髹漆木瓶 ··· 164
木盆 ·· 165
木盘 ·· 170
木盒 ·· 179
木碗 ·· 186
木撮箕 ··· 197
木杯 ·· 199
木勺 ·· 202
木瓢 ·· 204
木臼 ·· 207
木臼、木杵 ·· 212
木铃铛 ··· 213
木号 ·· 215
木唢呐 ··· 216
达比亚 ··· 217
木酥油桶 ··· 218
木背水桶 ··· 220
木掏金船 ··· 222
木蒸酒器 ··· 223
油板 ·· 224
木盛漆桶 ··· 225
木耙 ·· 226
弩弓 ·· 227
木溜板 ··· 228
打麦器 ··· 229

后记 ·· 230

怒江傈僳族自治州
馆藏文物研究

石器

石 斧

石斧 编号：00001

新石器时代
贡山独龙族怒族自治县普拉底乡普拉底村征集
怒江傈僳族自治州文物管理所收藏
通长12厘米、最厚3.1厘米
刃部宽5.6厘米、中宽4.9厘米、头宽3.3厘米

石斧 编号：00043 贡山

新石器时代
贡山独龙族怒族自治县文物管理所收藏
通长14厘米、最宽7厘米、最厚3厘米

石斧

编号：00044 贡山

新石器时代
贡山独龙族怒族自治县文物管理所收藏
通长10厘米、最宽5厘米、最厚2厘米

石斧 编号：00022

新石器时代
福贡县鹿马登乡施朵村征集
怒江傈僳族自治州文物管理所收藏
通长9.4厘米、最厚2.5厘米
刃部宽4.9厘米、中宽4.7厘米、头宽3.1厘米

石斧 编号：00028

新石器时代
泸水市古登乡来扒村征集
怒江傈僳族自治州文物管理所收藏
通长10.1厘米、最厚2.9厘米
刃部宽5.6厘米、中宽5.5厘米、头宽4.3厘米

石斧

编号：0003 贡山

新石器时代
贡山独龙族怒族自治县文物管理所收藏
通长18厘米、最宽4.7厘米、最厚2.3厘米

石斧

编号：00008

新石器时代
贡山独龙族怒族自治县征集
怒江傈僳族自治州文物管理所收藏
通长11.5厘米、厚2.3厘米
刃部宽5.3厘米、中宽5.1厘米、头宽3厘米

石斧

编号：00004

新石器时代
贡山独龙族怒族自治县丙中洛镇双拉村征集
怒江傈僳族自治州文物管理所收藏
通长10.2厘米、最厚3.7厘米
刃部宽6.9厘米、中宽5.8厘米、头宽4.1厘米

石斧

编号：1-013

新石器时代
福贡县文物管理所收藏
通长8.4厘米、最宽4.8厘米、最厚2.1厘米

石斧

编号：YL146

新石器时代
兰坪白族普米族自治县中排乡信昌坪村征集
兰坪白族普米族自治县文物管理所收藏
通长14.5厘米、最厚4.2厘米
刃部宽6.1厘米、中宽5.8厘米、头宽3.9厘米

石斧 编号：YL125

新石器时代
兰坪白族普米族自治县石登乡小格拉村征集
兰坪白族普米族自治县文物管理所收藏
通长19厘米、最厚3.8厘米
刃部宽6.1厘米、中宽7.7厘米、头宽3.9厘米

石斧 编号：YL130

新石器时代
兰坪白族普米族自治县中排乡信昌坪村征集
兰坪白族普米族自治县文物管理所收藏
通长12.8厘米、最厚2.6厘米
刃部宽6.5厘米、中宽6.1厘米、头宽3.4厘米

石斧

编号：YL133

新石器时代
兰坪白族普米族自治县中排乡征集
兰坪白族普米族自治县文物管理所收藏
通长10.4厘米、最厚2.2厘米
刃部宽6.2厘米、中宽5.9厘米、头宽4.2厘米

石斧

编号：YL136

新石器时代
兰坪白族普米族自治县石登乡仁甸河村上坪村征集
兰坪白族普米族自治县文物管理所收藏
通长12.2厘米、最厚2.3厘米、残长5厘米
刃部宽4.9厘米、中宽4.6厘米、头宽3.1厘米

石斧

编号：1-023

新石器时代
福贡县文物管理所收藏
通长8.5厘米、最宽5.1厘米、最厚1.2厘米

石斧

编号：YL00066

新石器时代
兰坪白族普米族自治县金顶镇马鞍山出土
兰坪白族普米族自治县文物管理所收藏
通长20.5厘米、最厚4厘米
刃部宽9厘米、中宽8.5厘米、头宽5.1厘米

石斧 编号：1-014

新石器时代
福贡县文物管理所收藏
通长7.6厘米、最宽4.9厘米、最厚1.5厘米

石斧 编号：1-015

新石器时代
福贡县鹿马登乡鹿马登村征集
福贡县文物管理所收藏
通长8.4厘米
刃部宽5.6厘米、中宽5.1厘米、头宽3.9厘米

石斧

编号：1-016

新石器时代

福贡县文物管理所收藏

通长7.2厘米、最厚2.1厘米

刃部宽4.9厘米、中宽4.4厘米、头宽3.3厘米

石斧

编号：1-017

新石器时代

福贡县文物管理所收藏

通长7.7厘米、最厚1.8厘米

刃部宽5.1厘米、中宽4.9厘米、头宽4厘米

石斧

编号：1-018

新石器时代

福贡县文物管理所收藏

通长7.2厘米、最厚1.6厘米

刃部宽5.2厘米、中宽4.9厘米、下宽3.7厘米

石斧

编号：1-021

新石器时代

福贡县文物管理所收藏

通长8.3厘米、最厚2.1厘米

刃部宽4.6厘米、中宽4.2厘米、头宽3.1厘米

石斧　　　　　　　　　　　　　　编号：1-024

新石器时代
福贡县鹿马登乡鹿马登村征集
福贡县文物管理所收藏
通长7.6厘米、最厚1.7厘米
刃部宽5.5厘米、中宽5.2厘米、头宽3.5厘米

石斧　　　　　　　　　　　　　　编号：1-022

新石器时代
福贡县鹿马登乡鹿马登村征集
福贡县文物管理所收藏
通长7.4厘米、最厚1.3厘米
刃部宽5.5厘米、中宽4.2厘米、头宽3厘米

石斧

编号：0004 贡山

新石器时代
贡山独龙族怒族自治县文物管理所收藏
通长6.5厘米、最宽4.3厘米、最厚1.6厘米

石斧

编号：00003

新石器时代
泸水市大兴地镇征集
怒江傈僳族自治州文物管理所收藏
通长5.5厘米、最厚2.1厘米
刃部宽4.6厘米、中宽4.1厘米、头宽3厘米

石斧

编号：00009

新石器时代
贡山独龙族怒族自治县征集
怒江傈僳族自治州文物管理所收藏
通长7.7厘米、最厚2.9厘米
刃部宽5厘米、中宽4.6厘米、头宽3.8厘米

石斧

无编号

新石器时代
福贡县文物管理所收藏
通长5.2厘米、最厚1.6厘米
刃部宽3.4厘米、中宽2.7厘米、头宽1.7厘米

石斧

编号：00020

新石器时代
泸水市洛本卓乡托拖村征集
怒江傈僳族自治州文物管理所收藏
通长8.6厘米、最厚2.8厘米
刃部宽5厘米、中宽5.3厘米、头宽3.4厘米

石斧

编号：00026

新石器时代
泸水市上江镇蛮英村征集
怒江傈僳族自治州文物管理所收藏
通长7.3厘米、最厚2.1厘米
刃部宽4.5厘米、中宽4.4厘米、头宽3.3厘米

石斧 编号：25-6

新石器时代

福贡县文物管理所收藏

通长6.4厘米、最厚1.5厘米

刃部宽5厘米、中宽4.6厘米、头宽3.4厘米

石斧 编号：00045 贡山

新石器时代

贡山独龙族怒族自治县文物管理所收藏

通长9厘米、最宽5厘米、最厚2厘米

石斧 编号：YL126

新石器时代
兰坪白族普米族自治县中排乡信昌坪村沟头村征集
兰坪白族普米族自治县文物管理所收藏
通长13厘米、最厚3.3厘米
刃部宽5.3厘米、中宽5.5厘米、头宽4厘米

石斧 编号：00289

新石器时代
怒江傈僳族自治州文物管理所收藏
通长9.8厘米、最厚2.9厘米
刃部宽5.4厘米、中宽4.9厘米、头宽3.5厘米

石斧

编号：YL00108

新石器时代
兰坪白族普米族自治县营盘镇沧东村征集
兰坪白族普米族自治县文物管理所收藏
通长14厘米、最厚2.4厘米
刃部宽8.1厘米、中宽7.5厘米、头宽6厘米

石斧

编号：00046 贡山

新石器时代
贡山独龙族怒族自治县文物管理所收藏
通长9.5厘米、最宽5厘米、最厚3厘米

石斧

编号：00062

新石器时代
泸水市洛本卓乡托拖村征集
怒江傈僳族自治州文物管理所收藏
通长6.1厘米、最厚2.4厘米
刃部宽4.8厘米、中宽4.4厘米、头宽3.3厘米

石斧

编号：00087

新石器时代
怒江傈僳族自治州文物管理所收藏
通长6.5厘米、最厚2厘米
刃部宽4.2厘米、中宽4厘米、头宽3.1厘米

石斧

编号：00006

新石器时代
泸水市大兴地镇征集
怒江傈僳族自治州文物管理所收藏
通长8.3厘米、最厚2.2厘米
刃部宽5.1厘米、中宽4.6厘米、头宽2.2厘米

石斧

编号：LY129

新石器时代
兰坪白族普米族自治县中排乡征集
兰坪白族普米族自治县文物管理所收藏
通长7.9厘米、最厚2.4厘米
刃部宽5.3厘米、中宽4.8厘米、头宽3厘米

石斧

编号：YL147

新石器时代
兰坪白族普米族自治县中排乡克卓村底甸村征集
兰坪白族普米族自治县文物管理所收藏
通长9厘米、最厚2.2厘米
刃部宽5.3厘米、头宽3.5厘米

石斧

编号：YL00093

新石器时代
兰坪白族普米族自治县金顶镇马鞍山出土
兰坪白族普米族自治县文物管理所收藏
通长10厘米、最宽7.5厘米、最厚3.2厘米

石斧

编号：YL00075

新石器时代
兰坪白族普米族自治县金顶镇马鞍山出土
兰坪白族普米族自治县文物管理所收藏
通长15厘米、最厚3.7厘米
刃部宽7.6厘米、中宽7.4厘米、头宽5.5厘米

石斧 编号：YL00105

新石器时代
兰坪白族普米族自治县兔峨乡花坪村征集
兰坪白族普米族自治县文物管理所收藏
通长5.8厘米、最厚2.6厘米
刃部宽4.3厘米、头宽3.6厘米

石斧 编号：YL00067

新石器时代
兰坪白族普米族自治县金顶镇马鞍山出土
兰坪白族普米族自治县文物管理所收藏
通长8.6厘米、最厚2.4厘米
刃部宽4.1厘米、头宽2.8厘米

石斧　　　　　　　　　　　　编号：YL00100

残

新石器时代

兰坪白族普米族自治县河西乡河东箐村征集

兰坪白族普米族自治县文物管理所收藏

通长7厘米、最宽3.6厘米、最厚2.7厘米

石斧　　　　　　　　　　　　编号：YL00109

新石器时代

兰坪白族普米族自治县营盘镇武邻邑征集

兰坪白族普米族自治县文物管理所收藏

通长10.6厘米、最厚3.5厘米

刃部宽5.4厘米、中宽5厘米、头宽2.6厘米

石斧 编号：YL00116

新石器时代
兰坪白族普米族自治县营盘镇鸿尤村征集
兰坪白族普米族自治县文物管理所收藏
通长7.7厘米、最厚1.7厘米
刃部宽4.3厘米、中宽4.1厘米、头宽1.9厘米

石斧 编号：YL00118

新石器时代
兰坪白族普米族自治县营盘镇武邻邑征集
兰坪白族普米族自治县文物管理所收藏
通长10.8厘米、最厚3.1厘米
刃部宽6.2厘米、中宽5.4厘米、头宽3.6厘米

石斧

编号：YL123

新石器时代

兰坪白族普米族自治县文物管理所收藏

通长8.5厘米、最厚2.5厘米

刃部宽7.2厘米、中宽6.9厘米、头宽5.5厘米

石斧 编号：泸水 4

新石器时代
泸水市称杆乡堵堵洛村征集
泸水市文物管理所收藏
通长5.9厘米、最宽3.5厘米、最厚1.3厘米

石斧 编号：00023

新石器时代
福贡县匹河乡普乐村征集
怒江傈僳族自治州文物管理所收藏
通长6.6厘米、最厚2.1厘米
刃部宽4.6厘米、中宽4.2厘米、头宽2.9厘米

石斧

编号：YL120

新石器时代
兰坪白族普米族自治县拉井镇甲登村征集
兰坪白族普米族自治县文物管理所收藏
通长6厘米、最厚1.5厘米
刃部宽4.2厘米、头宽2.1厘米

石斧

编号：YL124

新石器时代
兰坪白族普米族自治县拉井镇征集
兰坪白族普米族自治县文物管理所收藏
通长8.3厘米、最厚2.7厘米
刃部宽6厘米、中宽5.3厘米、头宽3.3厘米

石斧 编号：泸水 0004

新石器时代
泸水市称杆乡堵堵洛村征集
泸水市文物管理所收藏
通长4.4厘米、最宽3.4厘米、最厚0.8厘米

石斧 无编号

新石器时代
福贡县文物管理所收藏
通长4.9厘米、最厚0.6厘米
刃部宽3.3厘米、中宽3厘米、头宽2厘米

石斧

编号：YL127

新石器时代
兰坪白族普米族自治县文物管理所收藏
通长7.4厘米、最厚2.4厘米
刃部宽5.1厘米、头宽3.9厘米

石斧

编号：YL143

新石器时代
兰坪白族普米族自治县兔峨乡松登村征集
兰坪白族普米族自治县文物管理所收藏
通长11.8厘米、最厚2.8厘米
刃部宽4.7厘米、中宽4.3厘米、头宽2.7厘米

石斧　　　　　　　　　　　　编号：00016

新石器时代
兰坪白族普米族自治县石登乡大格拉村征集
怒江傈僳族自治州文物管理所收藏
通长9.6厘米、最厚2.6厘米
刃部宽6厘米、中宽5.2厘米、头宽4.6厘米

石斧　　　　　　　　　　　　编号：福贡1

新石器时代
福贡县文物管理所收藏
通长8.5厘米、最宽3.2厘米、最厚1.7厘米

石斧

编号:YL00101

残

新石器时代

兰坪白族普米族自治县河西乡白龙热水塘征集

兰坪白族普米族自治县文物管理所收藏

通长7.5厘米、最宽5.4厘米、最厚3.1厘米

石斧　　　　　　　　　　　编号：YL00094

残
新石器时代
兰坪白族普米族自治县金顶镇马鞍山出土
兰坪白族普米族自治县文物管理所收藏
通长7.8厘米、最宽6.8厘米、最厚2.4厘米

石斧　　　　　　　　　　　编号：YL00107

残
新石器时代
兰坪白族普米族自治县兔峨乡花坪村征集
兰坪白族普米族自治县文物管理所收藏
通长7厘米、最宽5厘米、最厚3.6厘米

石斧 编号：YL00110

残

新石器时代

兰坪白族普米族自治县营盘镇黄梅村黄登村征集

兰坪白族普米族自治县文物管理所收藏

通长7.2厘米、最宽5.5厘米、最厚3.4厘米

石斧 编号：YL145

残

新石器时代

兰坪白族普米族自治县石登乡谷川村征集

兰坪白族普米族自治县文物管理所收藏

通长7.5厘米、最宽8.5厘米、最厚3.5厘米

石斧 编号：YL00119

残

新石器时代

兰坪白族普米族自治县文物管理所收藏

通长4.5厘米、最宽4.2厘米、最厚1.9厘米

石斧 编号：LY128

残

新石器时代

兰坪白族普米族自治县中排乡小隆村征集

兰坪白族普米族自治县文物管理所收藏

通长9厘米、最宽7厘米、最厚3.5厘米

石斧 编号：0002 贡山

新石器时代
贡山独龙族怒族自治县文物管理所收藏
通长12.5厘米、最宽6.4厘米、最厚2.5厘米

石斧 编号：00011

新石器时代
泸水市古登乡抗鲁村征集
怒江傈僳族自治州文物管理所收藏
通长11.4厘米、最厚2.5厘米
刃部宽5.4厘米、中宽5.5厘米、头宽3.3厘米

石斧 编号：00007

新石器时代
泸水市大兴地镇征集
怒江傈僳族自治州文物管理所收藏
通长11.8厘米、最厚2.3厘米
刃部宽5.2厘米、中宽5.1厘米、头宽1.8厘米

石斧 编号：YL00113

新石器时代
兰坪白族普米族自治县营盘镇黄梅村黄登村征集
兰坪白族普米族自治县文物管理所收藏
通长6.7厘米、最厚2厘米
刃部宽6.7厘米、中宽6.8厘米、头宽5厘米

石斧

编号：LY144

新石器时代
兰坪白族普米族自治县河西乡三界村岩头村征集
兰坪白族普米族自治县文物管理所收藏
通长11厘米、最厚2.2厘米
刃部宽3.9厘米、中宽3.6厘米、头宽1.7厘米

石斧

编号：00024

新石器时代
泸水市古登乡瓦织村征集
怒江傈僳族自治州文物管理所收藏
通长7.2厘米、最厚1厘米
刃部宽3.7厘米、中宽3.5厘米、头宽2.7厘米

石斧　　　　　　　编号：00021

新石器时代
福贡县匹河乡征集
怒江傈僳族自治州文物管理所收藏
通长7.2厘米、最厚2厘米
刃部宽5.2厘米、中宽4.6厘米、头宽3厘米

石斧　　　　　　　编号：00012

新石器时代
兰坪白族普米族自治县中排乡沟头村征集
怒江傈僳族自治州文物管理所收藏
通长16.7厘米、最厚4.1厘米
刃部宽5厘米、中宽6.6厘米、头宽3.5厘米

石斧　　　　编号：Y00106

新石器时代
兰坪白族普米族自治县兔峨乡果力村征集
兰坪白族普米族自治县文物管理所收藏
通长14.6厘米、最厚4厘米
刃部宽7.3厘米、中宽6.8厘米、头宽3.9厘米

石斧　　　　编号：LY139

新石器时代
兰坪白族普米族自治县通甸镇东明村征集
兰坪白族普米族自治县文物管理所收藏
通长8.4厘米、最厚2.2厘米
刃部宽4.5厘米、中宽4.3厘米、头宽2.7厘米

石斧　　　编号：2011.4.22 米俄洛

新石器时代
福贡县石月亮乡米俄洛村征集
福贡县文物管理所收藏
通长13.4厘米、最宽7.1厘米、最厚1.3厘米

石斧　　　编号：00027

新石器时代
福贡县匹河乡老姆登村征集
怒江傈僳族自治州文物管理所收藏
通长10.5厘米、最厚2.7厘米
刃部宽7厘米、中宽5.9厘米、头宽3.6厘米

石斧

编号：00013

新石器时代
兰坪白族普米族自治县通甸镇玉水坪遗址出土
怒江傈僳族自治州文物管理所收藏
通长7.5厘米、最厚2厘米
刃部宽5.3厘米、中宽5.5厘米、头宽4.6厘米

小石斧

编号：LY135

新石器时代
兰坪白族普米族自治县中排乡德庆村征集
兰坪白族普米族自治县文物管理所收藏
通长4.1厘米、最厚0.9厘米
刃部宽2.2厘米、中宽2.1厘米、头宽1.5厘米

小石斧 编号：00059

新石器时代
怒江傈僳族自治州文物管理所收藏
通长4.3厘米、最宽3.3厘米、最厚1.2厘米、头宽1.7厘米

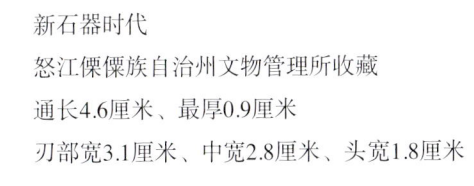

小石斧 编号：00308

新石器时代
怒江傈僳族自治州文物管理所收藏
通长4.6厘米、最厚0.9厘米
刃部宽3.1厘米、中宽2.8厘米、头宽1.8厘米

石 锛

石锛
编号：YL148

新石器时代
兰坪白族普米族自治县通甸镇征集
兰坪白族普米族自治县文物管理所收藏
通长9.5厘米、最厚1.6厘米
刃部宽5厘米、头宽3.8厘米

石锛
编号：00010

新石器时代
泸水市六库镇西浪村征集
怒江傈僳族自治州文物管理所收藏
通长18.5厘米、最厚4厘米
刃部宽9.8厘米、中宽8.3厘米、头宽5.7厘米

石锛　　　　　　　　　　　　　　　编号：YL00068

新石器时代

兰坪白族普米族自治县金顶镇马鞍山出土

兰坪白族普米族自治县文物管理所收藏

通长8.4厘米、最厚0.3厘米

刃部宽2.5厘米、头宽1.7厘米

石锛　　　　　　　　　　　　　　　编号：00002

新石器时代

泸水市洛本卓乡托拖村征集

怒江傈僳族自治州文物管理所收藏

通长15.8厘米、最厚1.8厘米

刃部宽6.5厘米、中宽6厘米、头宽4.9厘米

石锛

编号：1-019

新石器时代

福贡县文物管理所收藏

通长5.3厘米、最厚0.7厘米

刃部宽4.2厘米、中宽4厘米、头宽3.2厘米

石锛

编号：00388

新石器时代

怒江傈僳族自治州文物管理所收藏

通长9厘米、最厚2.1厘米

颈宽4厘米、颈长2.2厘米、最厚2厘米

肩宽5.8厘米、中宽6厘米、头宽6厘米

石锛

编号：00389

新石器时代
怒江傈僳族自治州文物管理所收藏
通长11.9厘米
颈宽2.8厘米、最厚1.9厘米
肩宽3.8厘米、中宽4厘米、头宽4厘米

石锛

编号：YL00087

残
新石器时代
兰坪白族普米族自治县金顶镇马鞍山出土
兰坪白族普米族自治县文物管理所收藏
通长8.2厘米、最厚0.8厘米
刃部宽3.9厘米、中宽3.5厘米、头宽1.6厘米

石锛 编号：00047 贡山

新石器时代
贡山独龙族怒族自治县文物管理所收藏
通长5厘米、最宽3厘米、最厚1.5厘米

石锛 编号：LY138

新石器时代
兰坪白族普米族自治县石登乡水银厂村罗多罗村征集
兰坪白族普米族自治县文物管理所收藏
通长4.1厘米、最厚1厘米
刃部宽3.3厘米、头宽2.1厘米

石锛　　　　　编号：YL00069

新石器时代
兰坪白族普米族自治县拉井镇大山箐村征集
兰坪白族普米族自治县文物管理所收藏
通长5厘米、最厚0.9厘米
刃部宽3.1厘米、头宽1.1厘米

石锛　　　　　编号：YL00071

新石器时代
兰坪白族普米族自治县文物管理所收藏
通长5.4厘米、最厚0.8厘米
刃部宽3.7厘米、中宽3.4厘米、头宽2.2厘米

石锛　　　　　编号：YL00102

新石器时代
兰坪白族普米族自治县兔峨乡松登村征集
兰坪白族普米族自治县文物管理所收藏
通长5.2厘米、最厚1.4厘米
刃部宽5厘米、头宽3.3厘米

石锛　　　　　编号：YL00112

新石器时代
兰坪白族普米族自治县营盘镇岩脚村征集
兰坪白族普米族自治县文物管理所收藏
通长12.2厘米、最厚3厘米
刃部宽6.7厘米、头宽2.1厘米

石锛　　　　　编号：YL00117

新石器时代
兰坪白族普米族自治县文物管理所收藏
通长5.4厘米、最厚0.8厘米
刃部宽3.1厘米、中宽2.9厘米、头宽1.5厘米

石锛　　　　　编号：1-026

新石器时代
福贡县文物管理所收藏
通长5.1厘米、最厚0.6厘米
刃部宽3.5厘米、中宽3.3厘米、头宽2.7厘米

石锛
编号：YL122

新石器时代
兰坪白族普米族自治县拉井镇征集
兰坪白族普米族自治县文物管理所收藏
通长4.6厘米、最厚0.6厘米
刃部宽3.1厘米、头宽1.3厘米

石锛
编号：YL00142

新石器时代
兰坪白族普米族自治县兔峨乡松登村征集
兰坪白族普米族自治县文物管理所收藏
通长4.1厘米、最厚1.2厘米
刃部宽3.6厘米、头宽2.8厘米

小石锛（石凿）
编号：00015

新石器时代
福贡县石月亮乡米俄洛村征集
怒江傈僳族自治州文物管理所收藏
通长6.7厘米、最厚1厘米
刃部宽1.7厘米、中宽1.4厘米、头宽0.5厘米

石刀（石镰）

石刀（石镰） 编号：00014

新石器时代
福贡县石月亮乡拉马底村征集
福贡县文物管理所收藏
通长9.9厘米、最宽2.9厘米、最厚0.8厘米
大孔径0.8厘米、小孔径0.7厘米

石刀（石镰） 编号：00019

新石器时代
兰坪白族普米族自治县金顶镇马鞍山出土
怒江傈僳族自治州文物管理所收藏
通长9.8厘米、最宽4厘米、最厚0.7厘米

石刀（石镰）

编号：YL00051

新石器时代

兰坪白族普米族自治县金顶镇马鞍山出土

兰坪白族普米族自治县文物管理所收藏

通长9.6厘米、最宽2.9厘米、最厚0.6厘米、孔径0.6厘米

石刀（石镰）

编号：YL00052

新石器时代
兰坪白族普米族自治县金顶镇马鞍山出土
兰坪白族普米族自治县文物管理所收藏
通长9.3厘米、最宽4.1厘米、最厚0.4厘米、孔径0.6厘米

石刀（石镰）

编号：1-02

新石器时代
福贡县文物管理所收藏
通长8.5厘米、最宽3.9厘米、最厚0.3厘米、孔径0.5厘米

石刀（石镰） 编号：1421

新石器时代
兰坪白族普米族自治县文物管理所收藏
通长8.5厘米、最宽3.6厘米、最厚0.6厘米、孔径0.7厘米

石刀（石镰） 编号：YL00053

残
新石器时代
兰坪白族普米族自治县金顶镇马鞍山出土
兰坪白族普米族自治县文物管理所收藏
通长11.9厘米、最宽4.7厘米、最厚0.4厘米、孔径0.6厘米

石刀（石镰） 编号：YL00054

新石器时代
兰坪白族普米族自治县金顶镇马鞍山出土
兰坪白族普米族自治县文物管理所收藏
通长9.8厘米、最宽3.7厘米、最厚0.2厘米、孔径0.5厘米

石刀（石镰） 编号：YL00056

新石器时代
兰坪白族普米族自治县金顶镇马鞍山出土
兰坪白族普米族自治县文物管理所收藏
通长8.5厘米、最宽4.2厘米、最厚0.4厘米、孔径0.4厘米

石刀（石镰） 编号：YL00058

残
新石器时代
兰坪白族普米族自治县金顶镇马鞍山出土
兰坪白族普米族自治县文物管理所收藏
通长9.5厘米、最宽5.8厘米、最厚0.6厘米、孔径0.6厘米

石刀（石镰） 编号：YL00060

残
新石器时代
兰坪白族普米族自治县金顶镇马鞍山出土
兰坪白族普米族自治县文物管理所收藏
通长8.3厘米、最宽5厘米、最厚0.6厘米、孔径0.5厘米

石刀（石镰） 编号：YL00061

残
新石器时代
兰坪白族普米族自治县金顶镇马鞍山出土
兰坪白族普米族自治县文物管理所收藏
通长8厘米、最宽4厘米、最厚0.3厘米、孔径0.3厘米

石刀（石镰） 编号：YL00062

残
新石器时代
兰坪白族普米族自治县金顶镇马鞍山出土
兰坪白族普米族自治县文物管理所收藏
通长8.8厘米、最宽4厘米、最厚0.5厘米

石刀（石镰） 编号：1-027

新石器时代
福贡县文物管理所收藏
通长10.6厘米、最宽3.6厘米、最厚0.4厘米

石刀（石镰） 编号：YL00070

新石器时代
兰坪白族普米族自治县金顶镇马鞍山出土
兰坪白族普米族自治县文物管理所收藏
通长9.6厘米、最宽3.1厘米、最厚0.2厘米、
孔径1厘米

石刀（石镰） 编号：YL00086

新石器时代
兰坪白族普米族自治县金顶镇马鞍山出土
兰坪白族普米族自治县文物管理所收藏
通长9.6厘米、最宽4厘米、最厚0.9厘米

石刀（石镰） 编号：00018

新石器时代
兰坪白族普米族自治县金顶镇马鞍山出土
怒江傈僳族自治州文物管理所收藏
通长9.7厘米、最宽4.2厘米、最厚0.7厘米

石 凿

石凿　　编号：LY131

新石器时代
兰坪白族普米族自治县中排乡大土基上村征集
兰坪白族普米族自治县文物管理所收藏
通长7.6厘米、宽1.7厘米、最厚1厘米

石凿　　编号：YL00103

新石器时代
兰坪白族普米族自治县兔峨乡花坪村征集
兰坪白族普米族自治县文物管理所收藏
通长9厘米、最宽1.7厘米、最厚1厘米

石凿

编号：YL00104

残
新石器时代
兰坪白族普米族自治县文物管理所收藏
通长4.7厘米、最宽1.2厘米、最厚0.7厘米

石凿

编号：0005 贡山

新石器时代
贡山独龙族怒族自治县文物管理所收藏
通长5.3厘米、最宽2.1厘米

石 针

石针

编号：0001 贡山

新石器时代
贡山独龙族怒族自治县文物管理所收藏
通长8厘米

石 垫

石垫　　　　　编号：YL00080

新石器时代
兰坪白族普米族自治县金顶镇马鞍山出土
兰坪白族普米族自治县文物管理所收藏
直径10厘米

石垫　　　　　编号：YL00081

新石器时代
兰坪白族普米族自治县金顶镇马鞍山出土
兰坪白族普米族自治县文物管理所收藏
直径4.5厘米

怒江傈僳族自治州
馆藏文物研究

青铜器

铜 斧

实心铜斧

编号：1-002

商代
福贡县文物管理所收藏
长5.1厘米、最厚0.7厘米
刃部宽4.4厘米、中宽4.1厘米、头部宽3.5厘米

实心铜斧

编号：00029

商代
怒江傈僳族自治州文物管理所收藏
长12.8厘米、最厚1厘米
刃部宽6.6厘米、中宽5.3厘米、头部宽3.2厘米

实心铜斧 编号：00060

商代
怒江傈僳族自治州文物管理所收藏
长7.8厘米、最厚1.1厘米
刃部宽4.8厘米、中宽3.8厘米、头部宽2.3厘米

实心铜斧 编号：00538

商代
怒江傈僳族自治州文物管理所收藏
长8.7厘米、最厚0.9厘米
刃部宽6.7厘米、中宽5.6厘米、头部宽3.8厘米

实心铜斧

编号：YL00001

商代
兰坪白族普米族自治县营盘镇松柏村征集
兰坪白族普米族自治县文物管理所收藏
长8.6厘米、最厚1.4厘米
刃部宽5.5厘米、中宽3.6厘米

有銎铜斧

无编号

商周
福贡县文物管理所收藏
长8厘米、内深4.3厘米
肩宽7.1厘米、颈宽5.4厘米
外口径2.2~5.2厘米、内口径1.7~4.1厘米

有銎铜斧 无编号

商周

福贡县文物管理所收藏

长11.1厘米、最宽6.6厘米、内深6.8厘米

外口径2.1～6.6厘米、内口径1.6～4.9厘米

有銎铜斧 编号：00034

商周

怒江傈僳族自治州文物管理所收藏

长7厘米、内深3.9厘米

刃部宽6.5厘米、中宽5.5厘米、头部宽5.7厘米

外口径2.5～5厘米、内口径1.6～4厘米

有銎铜斧 编号：YL00009

商周

兰坪白族普米族自治县营盘镇和平村征集

兰坪白族普米族自治县文物管理所收藏

长4.6厘米、最宽5.4厘米、内深4厘米

外口径2.5～5.3厘米、内口径1.9～4.7厘米

铜钺

编号：00061

商周

怒江傈僳族自治州文物管理所收藏

长11.9厘米、内深7.9厘米

肩宽8.9厘米、颈宽5.8厘米

外口径3～5.5厘米、内口径2.3～4.8厘米

实心铜钺

编号：YL00004

商代
兰坪白族普米族自治县石登乡甲尺村征集
兰坪白族普米族自治县文物管理所收藏
长6.4厘米、最厚1.1厘米
刃部宽5.7厘米、中宽4厘米

铜钺

无编号

商代
福贡县文物管理所收藏
长8.5厘米、肩宽6.9厘米、颈宽3.8厘米、
内深6.4厘米、外口径1.4～5厘米

实心铜钺

编号：泸水 00025

商代
泸水市老窝乡崇仁村上赶马自然村征集
泸水市文物管理所收藏
长8.5厘米、刃部宽5.9厘米、最厚1.5厘米

铜钺

无编号

商代
福贡县文物管理所收藏
长8.8厘米、肩宽6.5厘米、颈宽5.1厘米、
内深5.8厘米
外口径2.8～5.4厘米、内口径2～4.4厘米

铜钺

编号：00031

商周

福贡县匹河乡卓旺村征集

怒江傈僳族自治州文物管理所收藏

长11.6厘米、最宽6.5厘米、颈宽4.6厘米、内深8.6厘米

外口径2.4～4.5厘米、内口径2.2～3.8厘米

铜钺

编号：00033

商周

怒江傈僳族自治州文物管理所收藏

长8.3厘米、内深6.9厘米

刃部宽7.2厘米、中宽4.9厘米、头部宽4.7厘米

外口径3.2～4.2厘米、内口径2.5～3.7厘米

铜钺

编号：00394

商周

怒江傈僳族自治州文物管理所收藏

长10.8厘米、肩宽7.6厘米、颈宽4.8厘米

内深7.4厘米、内口径1.9～3.6厘米

铜钺 编号：00417

商周
怒江傈僳族自治州文物管理所收藏
长9.6厘米、肩宽8.5厘米、颈宽5.4厘米、
内深7.6厘米
外口径2.6～4.9厘米、内口径2.3～4.5厘米

铜钺 编号：泸水5

商周
泸水市六库镇排路坝村征集
泸水市文物管理所收藏
长11.1厘米、最宽8.5厘米、内深6.7厘米
口径2.7～4.7厘米

铜钺

编号：00489

商周
怒江傈僳族自治州文物管理所收藏
长10.5厘米、肩宽7.4厘米、颈宽5.4厘米、
内深8.8厘米
外口径3.4～7厘米、内口径2.9～4.5厘米

铜钺

编号：00494

商周
怒江傈僳族自治州文物管理所收藏
长9.2厘米、最宽7.2厘米、颈宽5.3厘米、
内深7.5厘米
外口径2.3～4.9厘米、内口径1.9～4.4厘米

铜钺　　　　　　　编号：00496

商周
怒江傈僳族自治州文物管理所收藏
长9.6厘米、肩宽7.6厘米、颈宽5.8厘米、
内深7.5厘米
外口径2.8～5.4厘米、内口径2.6～4.7厘米

铜钺　　　　　　　编号：00539

商周
怒江傈僳族自治州文物管理所收藏
长8厘米、最宽7厘米、颈宽5厘米、内深6.8厘米
外口径2.5～4.6厘米、内口径2～4.2厘米

铜钺 编号：00616

商周
怒江傈僳族自治州文物管理所收藏
长6.4厘米、刃部宽6.4厘米、中宽6厘米、
头部宽5.5厘米
外口径2～5.1厘米、内口径1.4～4厘米

铜钺 编号：00396

商周
怒江傈僳族自治州文物管理所收藏
长9厘米、最宽6.9厘米、颈宽6.4厘米、
内深5.8厘米
外口径2.4～5.6厘米、内口径1.6～4.8厘米

铜钺 编号：YL00010

商周
兰坪白族普米族自治县中排乡信昌坪沟村征集
兰坪白族普米族自治县文物管理所收藏
长8厘米、最宽6.2厘米
壁厚0.6厘米、内深6.3厘米
外口径2.8～4.7厘米、内口径2.1～3.6厘米

铜钺 编号：YL00003

商周
兰坪白族普米族自治县中排乡沟头村征集
兰坪白族普米族自治县文物管理所收藏
长8.8厘米、最宽6.5厘米
壁厚0.3厘米、内深5.6厘米
外口径3～5.1厘米、内口径2.4～4.5厘米

铜钺 编号：00030

商周
怒江傈僳族自治州文物管理所收藏
长8.8厘米、最宽6.6厘米、内深6.8厘米
内口径1.8～5厘米

铜钺 编号：YL00002

商周
兰坪白族普米族自治县营盘镇和平村征集
兰坪白族普米族自治县文物管理所收藏
长4.5厘米、刃部宽5.4厘米、中宽3.9厘米、
内深3.9厘米
外口径1.9～4厘米、内口径1.2～3.2厘米

铜钺 编号：YL00005

商周
兰坪白族普米族自治县营盘镇松柏村征集
兰坪白族普米族自治县文物管理所收藏
长6厘米、最宽7厘米
壁厚0.3厘米、内深4.7厘米
外口径3～3.7厘米、内口径2.1～3厘米

铜钺 编号：YL00006

商周
兰坪白族普米族自治县营盘镇征集
兰坪白族普米族自治县文物管理所收藏
长5.9厘米、最宽6.9厘米
壁厚0.3厘米、内深4.6厘米
外口径3～4.2厘米、内口径2.1～3.4厘米

铜钺 编号：YL00015

商周
兰坪白族普米族自治县石登乡中坪村征集
兰坪白族普米族自治县文物管理所收藏
长5.3厘米、最宽4.2厘米
壁厚0.4厘米、内深4.1厘米
外口径2.8~4.2厘米、内口径2.1~3.3厘米

铜钺 编号：YL00310

西汉
怒江傈僳族自治州文物管理所收藏
通长12.2厘米、最宽8.4厘米
柄长9.3厘米、柄最宽2.3厘米、柄最厚0.8厘米

铜钺

编号：YL00393

西汉
怒江傈僳族自治州文物管理所收藏
通长12.3厘米、最宽12.1厘米
柄口径1.4~2.5厘米、柄最宽2.8厘米、柄长6.1厘米

人面纹钺

无编号

战国
怒江傈僳族自治州文物管理所收藏
通长49.2厘米、最宽10.8厘米

正面

局部

背面

背面

斜纹钺

无编号

战国
怒江傈僳族自治州文物管理所收藏
通长46.5厘米、最宽9.2厘米

正面

铜 剑

铜剑　　　　　　　　　　编号：1号

战国
泸水市上江镇石岭岗遗址出土
怒江傈僳族自治州文物管理所收藏
通长30.8厘米、最宽4.8厘米
柄长8.5厘米、柄最宽2.8厘米、柄圆径3.8～4.1
厘米

铜剑

编号：2号

战国

泸水市上江镇石岭岗遗址出土

怒江傈僳族自治州文物管理所收藏

通长29.7厘米、最宽3.2厘米

柄长6.5厘米、柄最宽2.2厘米、柄圆径2.5～3.8厘米

铜剑 编号：00311

战国

怒江傈僳族自治州文物管理所收藏

通长13.5厘米

柄长5.8厘米、最宽2厘米、柄圆径2.3～2.6厘米

铜剑 编号：00395

战国

怒江傈僳族自治州文物管理所收藏

通长23.9厘米、最宽2.9厘米

柄长7.2厘米、柄最宽1.8厘米、柄最厚1厘米

柄圆径2.5～3.3厘米

剑身孔直径0.3厘米、剑柄孔直径0.2厘米

铜箭箙

铜箭箙

编号：00483

战国

怒江傈僳族自治州文物管理所收藏

通高24.5厘米、腹高15.4厘米

腹口径4.5～11.6厘米

腹底径5.2～16.1厘米

盖两侧高12.8厘米、中间高8.9厘米

盖口径4.9～12.6厘米

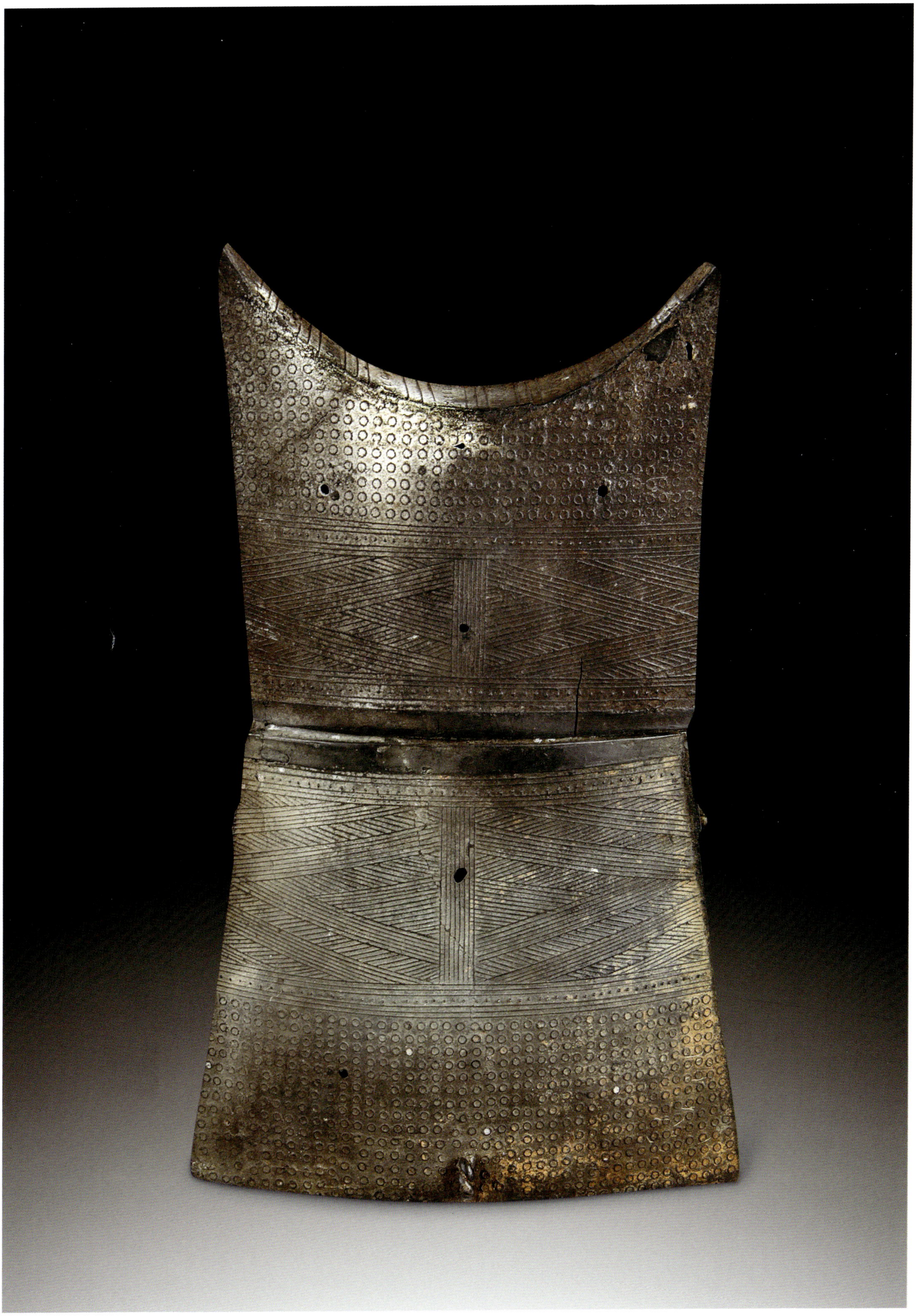

铜 矛

铜矛　编号：YL00008

西汉

兰坪白族普米族自治县石登乡水银场村征集

兰坪白族普米族自治县文物管理所收藏

长5.5厘米、最宽1.1厘米、内深0.9厘米

外口径0.4～0.7厘米

铜矛　编号：00032

西汉

怒江傈僳族自治州文物管理所收藏

长17.6厘米、柄长6.8厘米、最宽3.2厘米、

内深17.1厘米

柄口径1.7～2厘米

铜矛

编号：2号

西汉
泸水市上江镇石岭岗遗址出土
怒江傈僳族自治州文物管理所收藏
通长19.2厘米、最宽3.2厘米
柄长7.8厘米、柄口径1.8厘米

铜 镦

铜镦

编号：YL00007

西汉

兰坪白族普米族自治县中排乡大土基村征集

兰坪白族普米族自治县文物管理所收藏

长8.7厘米、最宽0.6厘米、内深3.5厘米

外口径1.3厘米、内口径1.1厘米

铜 饰

青铜花形饰　　　　　　　　　　　　　　　无编号

西汉
泸水市上江镇石岭岗遗址出土
怒江傈僳族自治州文物管理所收藏
通长5.1厘米、最宽3.3厘米

青铜铃形饰

无编号

西汉
泸水市上江镇石岭岗遗址出土
怒江傈僳族自治州文物管理所收藏
最大铜饰：通长4.8厘米、最宽3.1厘米
最小铜饰：通长4.1厘米、最宽2.3厘米

铜 铃

铜铃 无编号

战国

泸水市上江镇石岭岗遗址出土

怒江傈僳族自治州文物管理所收藏

中间铜铃：通高5厘米、最宽2.7厘米、口径1.7～2.5厘米

怒江傈僳族自治州
馆藏文物研究

陶器

陶 釜

两系陶釜

编号：陶 1

近代

贡山独龙族怒族自治县丙中洛镇征集

怒江傈僳族自治州文物管理所收藏

外口径22.4～22.6厘米、内口径19.1～19.9厘米

高17.9厘米、内深16.5厘米、壁厚1.3厘米、腹径29厘米、颈高3.5厘米

两系陶釜

编号：陶 26

近代

贡山独龙族怒族自治县丙中洛镇征集

怒江傈僳族自治州文物管理所收藏

外口径16.3～16.6厘米、内口径13.9～14.1厘米

高13.1厘米、内深12.5厘米、壁厚1.4厘米、腹径20.7厘米、颈高3厘米

四系陶釜

编号：陶 2

近代

贡山独龙族怒族自治县丙中洛镇征集

怒江傈僳族自治州文物管理所收藏

外口径24.8～25.5厘米、内口径21.9～22.8厘米

高22.3厘米、内深18.3厘米、壁厚1.2厘米、腹径33.6厘米、颈高6.2厘米

四系陶釜

编号：陶 4

近代
贡山独龙族怒族自治县丙中洛镇征集
怒江傈僳族自治州文物管理所收藏
外口径23.1～23.3厘米、内口径19.9～20.7厘米、底径25.6～27厘米
高23.9厘米、内深22.4厘米、壁厚1.3厘米、腹径30.5厘米、颈高3厘米

四系陶釜

编号：陶 10

近代

贡山独龙族怒族自治县丙中洛镇征集

怒江傈僳族自治州文物管理所收藏

外口径25.1～25.3厘米、内口径21.5～22.3厘米

高20厘米、内深18.9厘米、壁厚1.5厘米、腹径32厘米、颈高4.8厘米

四系陶釜

编号：陶 13

近代

贡山独龙族怒族自治县丙中洛镇征集

怒江傈僳族自治州文物管理所收藏

外口径25.7～26厘米、内口径22.8～23.1厘米

高24厘米、内深22.5厘米、壁厚1.5厘米、腹宽32.5厘米、颈高4.3厘米

四系陶釜

编号：陶 14

近代

贡山独龙族怒族自治县丙中洛镇征集

怒江傈僳族自治州文物管理所收藏

外口径22.1～22.3厘米、内口径18.9～19.1厘米

高19.2厘米、内深17.7厘米、壁厚1.5厘米、腹宽28.1厘米、颈高5.2厘米

有流陶釜

编号:陶 25

近代
贡山独龙族怒族自治县丙中洛镇征集
怒江傈僳族自治州文物管理所收藏
外口径22.9厘米、内口径18.8~19.2厘米、底径13.3~13.6厘米
高13.1厘米、内深12.4厘米、壁厚2.2厘米、颈高3.7厘米、嘴宽2.9厘米

陶釜

编号：陶 27

近代
贡山独龙族怒族自治县丙中洛镇征集
怒江傈僳族自治州文物管理所收藏
外口径14.9～15.2厘米、内口径12.8～13.3厘米
高13.1厘米、内深12.6厘米、壁厚0.9厘米、腹宽20.5厘米、颈高2.6厘米

陶 罐

陶罐

编号：陶 5

近代
贡山独龙族怒族自治县丙中洛镇征集
怒江傈僳族自治州文物管理所收藏
外口径37.3～38.5厘米、内口径32.7～34.3厘米、底径43.5厘米
高45.5厘米、内深44厘米、壁厚2.5厘米
腹径53.5厘米、颈高6厘米

陶罐

编号：陶 6

近代

贡山独龙族怒族自治县丙中洛镇征集

怒江傈僳族自治州文物管理所收藏

外口径25.8～26.4厘米、内口径22.3厘米、底径43.8～44厘米

高45.5厘米、内深43.4厘米、壁厚2厘米、腹径53.1厘米、颈高4厘米

陶罐

编号：陶 11

近代

贡山独龙族怒族自治县丙中洛镇征集

怒江傈僳族自治州文物管理所收藏

外口径26.7厘米、内口径22.8厘米、底径42.3～43.5厘米

高41.7厘米、内深40厘米、壁厚2.2厘米、腹径54厘米、颈高3.5厘米

陶 锅

陶锅　　　　　　　　　　　　　　　　　　编号：陶 18

近代

贡山独龙族怒族自治县丙中洛镇征集

怒江傈僳族自治州文物管理所收藏

外口径30.2～30.8厘米、内口径26.3～26.8厘米、底径26.3～26.5厘米

高3.8厘米、内深2.3厘米、壁厚2.3厘米

陶锅　　　　　　　　　　　　　　　　　　编号：陶 20

近代

贡山独龙族怒族自治县丙中洛镇征集

怒江傈僳族自治州文物管理所收藏

外口径32.7厘米、内口径27.5厘米、底径29.9～30.2厘米

高4.5厘米、内深3.1厘米、壁厚2.6厘米

陶火锅

陶火锅　　　　　　　　　　　　　　　编号：陶 15

近代

贡山独龙族怒族自治县丙中洛镇征集

怒江傈僳族自治州文物管理所收藏

外口径24.8～25.3厘米、内口径21.5～22.5厘米

通高14.4厘米、内深10.6厘米、壁厚1.6厘米

管直径3.6厘米、管高12.2厘米

陶火锅

编号：陶 16

近代
贡山独龙族怒族自治县丙中洛镇征集
怒江傈僳族自治州文物管理所收藏
外口径21.1～21.6厘米、内口径18～18.5厘米
通高17.4厘米、内深10.5厘米、壁厚1.4厘米
底外径长15.9厘米、底内径13.6厘米
管高13.2厘米、管直径3.6厘米

蒸酒器

蒸酒器

编号：陶 7

近代

贡山独龙族怒族自治县丙中洛镇征集

怒江傈僳族自治州文物管理所收藏

外口径29.5～30.3厘米、内口径26.8～27.2厘米、底径33～33.5厘米

高41.5厘米、内深39.9厘米、壁厚1.6厘米、颈高4.2厘米

蒸酒器

编号:陶 3

近代
贡山独龙族怒族自治县丙中洛镇征集
怒江傈僳族自治州文物管理所收藏
外口径29.7厘米、内口径25.9厘米、底径28.8厘米
高34.8厘米、内深33.1厘米、壁厚1.9厘米、腹径32厘米

蒸酒器

编号：陶 9

近代
贡山独龙族怒族自治县丙中洛镇征集
怒江傈僳族自治州文物管理所收藏
外口径28.1厘米、内口径23.9厘米
高33.4厘米、内深31.8厘米、壁厚2.1厘米

蒸酒器

编号：陶12

近代
贡山独龙族怒族自治县丙中洛镇征集
怒江傈僳族自治州文物管理所收藏
外口径31.7～32.2厘米、内口径26.5～27厘米
高45.9厘米、内深41.5厘米、壁厚2.6厘米

承酒器

承酒器

编号：陶 24

近代
贡山独龙族怒族自治县丙中洛镇征集
怒江傈僳族自治州文物管理所收藏
外口径19.2厘米、内口径15.8厘米、底径9.8～10.2厘米
高11.1厘米、内深10.4厘米、壁厚1.7厘米

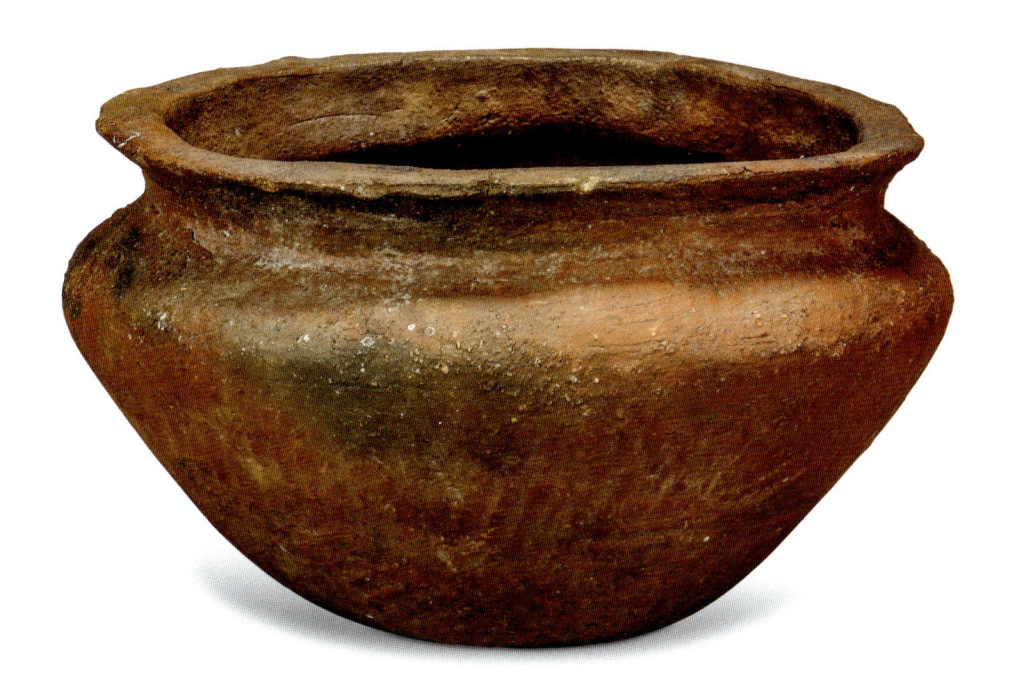

冷凝钵

冷凝钵 编号：陶 23

近代
贡山独龙族怒族自治县丙中洛镇征集
怒江傈僳族自治州文物管理所收藏
外口径38.1～38.9厘米、内口径33.6～34.4厘米
高12.7厘米、内深11.3厘米、壁厚2.2厘米

冷凝钵

编号：陶 21

近代
贡山独龙族怒族自治县丙中洛镇征集
怒江傈僳族自治州文物管理所收藏
外口径31.4～32厘米、内口径28～28.5厘米
高8.2厘米、内深7厘米、壁厚1.9厘米

冷凝钵

编号：陶 22

近代
贡山独龙族怒族自治县丙中洛镇征集
怒江傈僳族自治州文物管理所收藏
外口径33.7厘米、内口径29.7厘米
高8.6厘米、内深7.2厘米、壁厚2厘米

祭箭筒

祭箭筒 无编号

近代
怒江傈僳族自治州文物管理所收藏
高24厘米、外直径14厘米、壁厚1厘米

怒江傈僳族自治州
馆藏文物研究

木器

木 缸

木缸

编号：HSR68

近代
怒江傈僳族自治州文物管理所收藏
外口径80.8～90.4厘米、内口径73.9～83.2厘米
壁厚2.2～3.7厘米、高70.5厘米
底径76.2～83.3厘米

木缸

编号：木17

近代
怒江傈僳族自治州文物管理所收藏
外口径79.7～94.3厘米
壁厚0.9～2.3厘米、高59.7厘米
底径73～93厘米

木缸

编号：HGW18

近代

怒江傈僳族自治州文物管理所收藏

外口径50.3～77.3厘米

内口径43～68.9厘米

底径46.5～74.3厘米

通高52.7厘米、内深43.7厘米、壁厚1.9～3.7厘米

盖内径42.8～68.8厘米、

盖外径48.2～77厘米、

盖厚3.5厘米

木缸

编号：HSR20

近代

怒江傈僳族自治州文物管理所收藏

外口径37～51.5厘米

内口径31～39厘米

底径34.5～49.8厘米

高46厘米、内深39.6厘米

壁厚2.5～8厘米

木 桶

木桶

编号:HGB4

近代
怒江傈僳族自治州文物管理所收藏
外口径20.5厘米、内口径16.9厘米
通高24厘米、内深18.5厘米
壁厚1.8厘米、底径19.7厘米、盖外径18.5～20.5
厘米、盖内径16.7～17.6厘米、盖通高2.5厘米

木桶

编号：HGW10

近代

怒江傈僳族自治州文物管理所收藏

外口径26.5～36.2厘米、内口径19～27厘米、底径27.5～35.5厘米

高70厘米、内深65厘米、壁厚3.7厘米

木桶

编号：HGW4

近代
怒江傈僳族自治州文物管理所收藏
外口径22.5～25厘米、底径23.8～24.5厘米
高31.8厘米、内深29厘米、壁厚1.5厘米

木桶

编号：HGW24

近代
怒江傈僳族自治州文物管理所收藏
外口径30.3～31.5厘米、内口径27.3～28.3厘米、
底径29.9～30.7厘米
高30.1厘米、内深24.5厘米
壁厚1.8厘米

木桶　　　　　　　　　　　编号：HGW25

近代
怒江傈僳族自治州文物管理所收藏
外口径25.7～34.8厘米、内口径21.7～29.7厘米、
底径28.5～38.1厘米
高43.5厘米、内深41.3厘米
壁厚2.8厘米

木桶　　　　　　　　　　　编号：HGW34

近代
怒江傈僳族自治州文物管理所收藏
外口径18～24.5厘米、内口径15.6～22.1厘米、
底径16.5～22.5厘米
高36.5厘米、壁厚1.2厘米

木桶

编号：HGW36

近代

怒江傈僳族自治州文物管理所收藏

外口径24～25厘米、内口径21.6～22.6厘米

底径21.3厘米、高25厘米、内深19.5厘米、壁厚1.2厘米

木桶 编号：*HSR15*

近代
怒江傈僳族自治州文物管理所收藏
外口径33～33.9厘米、内口径28～29.3厘米、底径33.4厘米
高42.2厘米、内深34厘米、壁厚2厘米

木桶 编号：*HSR21*

近代
怒江傈僳族自治州文物管理所收藏
外口径16.3～24厘米、内口径13.7～21.6厘米、底径18.5～22厘米
高21厘米、内深19厘米、壁厚1.3厘米

木桶

编号：HSR23

近代

怒江傈僳族自治州文物管理所收藏

外口径38.2～38.7厘米、内口径33.2～34.3厘米、

外底径35～44.5厘米、内底径32.2～41.7厘米

高63厘米、壁厚2.8厘米

木桶　　　　　　编号：HSR22

近代

怒江傈僳族自治州文物管理所收藏

外口径33.6～36.5厘米、内口径29.6～31.5厘米、底径37～38.7厘米

高47厘米、内深43.5厘米、壁厚2.3厘米

木桶　　　　　　编号：HSR26

近代

怒江傈僳族自治州文物管理所收藏

外口径25.1～25.8厘米、内口径20.9～22厘米、底径22.9～25.3厘米

高41.1厘米、内深37.3厘米、壁厚1.9厘米

木桶

编号：HSR28

近代

怒江傈僳族自治州文物管理所收藏

外口径36.3~37.4厘米、内口径32.8~35厘米、
底径35.4~36.1厘米

高39.2厘米、内深33.5厘米、壁厚1.3厘米

木桶

编号：HSR29

近代
怒江傈僳族自治州文物管理所收藏
外口径30.8～31.2厘米、内口径27.4～27.8厘米、底径32.7～33.5厘米
高42.2厘米、内深36.2厘米、壁厚1.8厘米

木桶

编号：HSR35

近代
怒江傈僳族自治州文物管理所收藏
外口径28.9厘米、内口径25厘米、
底径30.7～31.8厘米
高31.3厘米、内深29.1厘米、壁厚2.1厘米

木桶

编号：HSR46

近代
怒江傈僳族自治州文物管理所收藏
外口径25.9厘米、内口径21.9厘米、
底径26.5～27厘米
高35.8厘米、内深34.5厘米、壁厚2.5厘米

木桶 编号：HSR32

近代
怒江傈僳族自治州文物管理所收藏
外口径23.3~23.9厘米、内口径20.1~21.1厘米、
外底径24厘米、内底径22.3厘米
壁厚1.7厘米

木桶 编号：HSR64

近代
怒江傈僳族自治州文物管理所收藏
外口径19~20.5厘米、底径19.5~22.4厘米
高26.5厘米、壁厚1.3厘米

木桶

编号：HGW1

近代
怒江傈僳族自治州文物管理所收藏
外口径29厘米、内口径25.7厘米、底径30.4厘米
高29.7厘米、内深25.4厘米、壁厚2.1厘米

木桶

编号：HSR42

近代

怒江傈僳族自治州文物管理所收藏

外口径25.1～26.1厘米、内口径23.2～23.4厘米、底径27.7厘米

高37.9厘米、内深35.2厘米、壁厚0.9厘米

木桶

编号：HGW2

近代
怒江傈僳族自治州文物管理所收藏
外口径13.3～16.5厘米、底径14～17厘米
通高14.6厘米、内深13.2厘米、壁厚0.6厘米

木桶

编号：HIR56

近代
怒江傈僳族自治州文物管理所收藏
外口径17.2厘米、底径15.6～16.1厘米
高13.2厘米、壁厚0.7厘米

木桶   编号：HSR1

近代
怒江傈僳族自治州文物管理所收藏
外口径18.2～21.5厘米、底径19.3～21.5厘米
高15厘米、内深13厘米、壁厚0.8厘米

木桶   编号：HSR54

近代
怒江傈僳族自治州文物管理所收藏
外口径20～21.5厘米、底径21厘米
高15.5厘米、内深14.3厘米、壁厚1.2厘米

木桶 编号：HSR55

近代
怒江傈僳族自治州文物管理所收藏
外口径21.5～23.5厘米、底径21.2～22.7厘米
高18.7厘米、内深12.5厘米、壁厚0.8厘米

木桶 编号：HSR51

近代
怒江傈僳族自治州文物管理所收藏
外口径19.5～21.5厘米、底径16～16.5厘米
高19.5厘米、壁厚1.5厘米

木桶

编号：HSR37

近代
怒江傈僳族自治州文物管理所收藏
外口径36.7~41.9厘米、内口径31.7~36.5厘米
外底径39.8~42.9厘米、内底径35.6~37.5厘米
高49.5厘米、壁厚2.3~3.3厘米

木 罐

木罐

编号：GDL1

近代

怒江傈僳族自治州文物管理所收藏

外口径27.5～30厘米、内口径20厘米、底径34.5～36.5厘米

高62厘米、内深54.8厘米、壁厚4厘米

颈高4厘米、腹径56.5厘米

木罐

编号：HGB5

近代

怒江傈僳族自治州文物管理所收藏

外口径25～26厘米、内口径18.5～18.7厘米、底径35.5厘米

高57厘米、内深52.3厘米、壁厚3.7厘米

颈高5.2厘米、腹径46厘米

木罐

编号：HGB6

近代

怒江傈僳族自治州文物管理所收藏

外口径22.5～29.5厘米、内口径16.5～25.7厘米、底径21.4～30厘米

高95.2厘米、内深90.2厘米、壁厚2.2～3.5厘米

腹径47.4～61.5厘米

木罐

编号：HGW28

近代

怒江傈僳族自治州文物管理所收藏

外口径30.6～31厘米、内口径24.3～25.7厘米、底径28.5～29.5厘米

高64厘米、内深59厘米、壁厚1.5～3.5厘米、腹径47.5厘米

木甑子

木甑子　　无编号

近代
怒江傈僳族自治州文物管理所收藏
高29厘米、直径26.5厘米、壁厚1厘米
耳宽5厘米、耳高2厘米

木瓶

木瓶　　　　　　　　　编号：HGB2

近代
怒江傈僳族自治州文物管理所收藏
外口径16.2～17.3厘米、内口径10.5厘米、
底径20～21.6厘米
高40厘米、内深37.5厘米、壁厚3.5厘米
腹径22.5～25厘米

木瓶　　　　　　　　　编号：HGW15

近代
怒江傈僳族自治州文物管理所收藏
外口径7.5厘米、底径8.5～9厘米
高15厘米、内深12.5厘米、壁厚0.8厘米

髹漆木瓶

无编号

近代

怒江傈僳族自治州文物管理所收藏

高27厘米、腹径16厘米、底径11厘米、外口径6.3厘米

木 盆

木盆　　　　　　　　　　编号：GDL3

近代
怒江傈僳族自治州文物管理所收藏
外口径37.5～38厘米、底径27～28厘米
高10.5厘米、内深8厘米、壁厚1.3厘米

木盆

编号：HGW19

近代
怒江傈僳族自治州文物管理所收藏
外口径53～54厘米、底径42.5～43.5厘米
高11厘米、内深8.3厘米、壁厚1.5厘米

木盆　　　　　　　编号：HGW8

近代
怒江傈僳族自治州文物管理所收藏
外口径27.5～29.5厘米、底径21.5～22.7厘米
高7.5厘米、内深4.8厘米、壁厚0.7厘米

木盆　　　　　　　编号：HSR61

近代
怒江傈僳族自治州文物管理所收藏
外口径33.5～34.5厘米、底径25～27.5厘米
高10.5厘米、内深8厘米、壁厚1厘米

木盆

编号：HSR8

近代

怒江傈僳族自治州文物管理所收藏

外口径76～88厘米、内口径69.2～78.9厘米、底径60.5～68厘米

高19.1厘米、内深13.2厘米、壁厚4.6厘米

木盆

编号：HGW20

近代
怒江傈僳族自治州文物管理所收藏
外口径47～49厘米、底径37厘米
内深6厘米、壁厚1.5厘米
边沿宽3厘米

木 盘

木盘   编号：HGB9

近代

怒江傈僳族自治州文物管理所收藏

外口径54.7～58厘米、内口径44.4～45.7厘米、底径46.5～56.5厘米

高8.1厘米、内深4.1厘米、壁厚5.4厘米

木盘   编号：HGW17

近代

怒江傈僳族自治州文物管理所收藏

外口径45～64.6厘米、底径36.9～52.2厘米

高9.3厘米、内深6.3厘、壁厚2.9厘米

木盘

编号：HGW26

近代

怒江傈僳族自治州文物管理所收藏

外口径61.2厘米、内口径55.8～57.5厘米、底径53.3～54.9厘米

高12厘米、内深9.5厘米、壁厚2.1厘米

木盘 编号：HGW30

近代
怒江傈僳族自治州文物管理所收藏
外口径47.5～48厘米、底径43.5～45厘米
高10厘米、内深8.5厘米、壁厚1.5厘米

木盘 编号：HGW48

近代
怒江傈僳族自治州文物管理所收藏
外口径39厘米、底径34.5～36厘米
高9厘米、内深5.5厘米、壁厚3厘米

木盘

编号：HSR10

近代
怒江傈僳族自治州文物管理所收藏
外口径61厘米、内口径57厘米、底径56.3厘米
高12厘米、内深8.6厘米、壁厚2.5厘米

木盘

编号：HSR11

近代
怒江傈僳族自治州文物管理所收藏
外口径62.8～63.5厘米、内口径57.5～58厘米、
底径55～59厘米
高12厘米、内深8.7厘米、壁厚2.8厘米

木盘

编号：HSR12

近代

怒江傈僳族自治州文物管理所收藏

外口径57.5～75.8厘米、内口径69.5～70.5厘米、底径64.5～65.4厘米

高17.4厘米、内深11.6厘米、壁厚2.5厘米

木盘

编号：HSR13

近代

怒江傈僳族自治州文物管理所收藏

外口径46.8～47.2厘米、底径43.5～45.4厘米

高10.7厘米、内深6.5厘米、壁厚3.4厘米

木盘 编号：HSR41

近代
怒江傈僳族自治州文物管理所收藏
外口径28.5～29.8厘米
底径20.8～21.5厘米
高6.6厘米、壁厚1.2厘米

木盘 编号：HSR500

近代
怒江傈僳族自治州文物管理所收藏
外口径52.1～58.8厘米
内口径49～54.7厘米
底径49～49.5厘米
高11.8厘米、内深8.6厘米、壁厚2厘米

木盘 编号：木 3

近代

怒江傈僳族自治州文物管理所收藏

外口径18～28.5厘米

底径13.5～23.3厘米

高5.7厘米、内深4.2厘米、壁厚1厘米

木盘 编号：木 4

近代

怒江傈僳族自治州文物管理所收藏

外口径31～31.5厘米

底径21厘米

高6厘米、内深4.8厘米、壁厚1.5厘米

木盘 编号：木 5

近代

怒江傈僳族自治州文物管理所收藏

外口径27.5～32.5厘米、底径26.5～32厘米

高7.5厘米、内深4.1厘米、壁厚1厘米

内方墩长10.5厘米、宽8厘米、高4.3厘米

木盘 编号：HSR14

近代

怒江傈僳族自治州文物管理所收藏

外口径55.2～63.2厘米

内口径51.5～54.4厘米

底径50.2～54厘米

高10厘米、内深8.6厘米、壁厚3.5厘米

木盘 编号：HSR40

近代
怒江傈僳族自治州文物管理所收藏
外口径33.9～41厘米
高8.3厘米、内深6.6厘米、壁厚1.4厘米

木盘 编号：HGW27

近代
怒江傈僳族自治州文物管理所收藏
外口径34.5～44.5厘米
底径14～17厘米
高11.5厘米、内深6.8厘米、壁厚0.5厘米
内圆柱直径15厘米、高11厘米

木 盒

木盒   编号：GDL2

近代
怒江傈僳族自治州文物管理所收藏
外口径11～19.5厘米
底径12～22.5厘米
高13.5厘米、内深12.5厘米、壁厚0.4厘米

木盒   编号：HGB13

近代
怒江傈僳族自治州文物管理所收藏
外口径8.5～8.9厘米
底径8.9～9.1厘米
通高11厘米、内深7.9厘米、壁厚0.5厘米
盖外径7.5～8厘米、盖内径6.5～6.9厘米

木盒

编号：HGB23

近代
怒江傈僳族自治州文物管理所收藏
外口径8.8~20厘米、底径8~20厘米
高7.1厘米、内深6.2厘米、壁厚0.7厘米

木盒

编号：HGB30

近代
怒江傈僳族自治州文物管理所收藏
外口径9.5~23.2厘米、底径10~23.7厘米
高8厘米、内深6.4厘米、壁厚0.7厘米

木盒 编号：HGB31

近代
怒江傈僳族自治州文物管理所收藏
口长径18.2厘米、短径7.3厘米
通高13厘米
盖长径18厘米、短径7厘米
盖厚3.1厘米

木盒 编号：HGB36

近代
怒江傈僳族自治州文物管理所收藏
口径6.1～16.2厘米
通高17.5厘米、内深10.3厘米、壁厚1厘米
盖外径8.8～16厘米、盖内径7～14厘米、盖顶径5.1～9厘米、盖内深5厘米、盖厚5.5厘米

木盒 编号：HGB37

近代

怒江傈僳族自治州文物管理所收藏

外口径8.1~16厘米

内口径7.5~15.4厘米

通高10.5厘米、内深8.2厘米、壁厚0.6厘米

底径8.7~16厘米

盖外径8~16厘米

盖内径7~14.3厘米

盖厚2.3厘米

木盒 编号：HGB44

近代

怒江傈僳族自治州文物管理所收藏

外口径7~11.3厘米

底径6.8~11.9厘米

通高9厘米、内深6.5厘米、壁厚0.6厘米

内深6.5厘米

盖外径7~11.3厘米

盖内径5.5~9.6厘米

盖厚2.2厘米

木盒

编号：HGB47

近代
怒江傈僳族自治州文物管理所收藏
外口长径13厘米、短径10.2厘米
底长径14.4厘米、短径9.7厘米
高17.2厘米、内深16.2厘米、壁厚0.8厘米

木盒

编号：HGW3

近代
怒江傈僳族自治州文物管理所收藏
外口径11厘米、底径12.4厘米
通高18.5厘米、内深15.2厘米、壁厚0.8厘米
盖外径10.5厘米、盖内径9.1厘米、盖厚2.1厘米

木盒　　　　　　　　　　编号：HGW9

近代
怒江傈僳族自治州文物管理所收藏
外口径7～10.4厘米、底径7.3～10.7厘米
通高11.5厘米、内深9厘米、壁厚0.5厘米
盖外径6.5～10.2厘米、盖内径5.6～9厘米、
盖厚2.8厘米

木盒　　　　　　　　　　编号：HGW43

近代
怒江傈僳族自治州文物管理所收藏
外口径7.6～10厘米、底径7.5～10厘米
通高10厘米、内深8.8厘米、壁厚0.5厘米
盖外径7.5～10厘米、盖内径6.2～8.6厘米、
盖厚2.3厘米

木盒　　　　　编号：HGW46

近代
怒江傈僳族自治州文物管理所收藏
外口径7～11.5厘米、底径6.9～10.7厘米
高7.2厘米、内深6厘米、壁厚0.5厘米

木盒　　　　　编号：HSR16

近代
怒江傈僳族自治州文物管理所收藏
外口径19.5～20.5厘米、底径20.5厘米
通高21厘米、内深17厘米、壁厚1.3厘米
盖外径17.7～19厘米、盖内径15.5～17厘米、
盖高6.5厘米

木 碗

木碗 编号：HGB10

近代
怒江傈僳族自治州文物管理所收藏
外口径21～22.5厘米、底径18.5～20.5厘米
高8.5厘米、内深5.1厘米、壁厚1.5厘米

木碗 编号：HGB18

近代
怒江傈僳族自治州文物管理所收藏
外口径12厘米、内口径11.5厘米、底径9.7厘米
高5.2厘米、内深4.3厘米、壁厚0.5厘米

木碗 编号：HGB19

近代
怒江傈僳族自治州文物管理所收藏
外口径13厘米、内口径12.8厘米、底径10厘米
高6.3厘米、内深5.2厘米、壁厚0.2厘米

木碗 编号：HGB22

近代
怒江傈僳族自治州文物管理所收藏
外口径9.7厘米、底径5～5.6厘米
高5.3厘米、内深3.8厘米、壁厚0.4厘米

木碗 编号：HGB27

近代
怒江傈僳族自治州文物管理所收藏
外口径19.8厘米、底径10.8厘米
高7.6厘米、壁厚0.7厘米

木碗 编号：HGB28

近代
怒江傈僳族自治州文物管理所收藏
外口径20厘米、底径14厘米
高7.5厘米、内深5.4厘米、壁厚0.5厘米

木碗 编号：HGB32

近代

怒江傈僳族自治州文物管理所收藏

外口径15.5～16厘米

底径8.6厘米

高8.8厘米、内深6.7厘米、壁厚0.8厘米

木碗 编号：HGB50

近代

怒江傈僳族自治州文物管理所收藏

外口径14.8～15.2厘米

高5.2厘米、壁厚0.6厘米

底径7.6～8厘米

木碗　　　　　编号：HGW12

近代
怒江傈僳族自治州文物管理所收藏
外口径13.8~14.1厘米
底径12.4厘米
高5厘米、内深3.2厘米、壁厚0.5厘米

木碗　　　　　编号：HGW13

近代
怒江傈僳族自治州文物管理所收藏
外口径15.3~16厘米
底径10.8~11.5厘米
高6.6厘米、壁厚0.4厘米

木碗　　编号：HGW14

近代
怒江傈僳族自治州文物管理所收藏
外口径18.2～18.7厘米
底径12.5～13.2厘米
高7厘米、内深6.2厘米、壁厚0.6厘米

木碗　　编号：HHGW23

近代
怒江傈僳族自治州文物管理所收藏
外口径15.1～15.6厘米
底径12～12.5厘米
高5厘米、壁厚0.4厘米

木碗　　　　　　　　　　　　　　　编号：HGW40

近代
怒江傈僳族自治州文物管理所收藏
外口径18.3厘米
底径长11厘米
高8.3厘米、内深6.6厘米、壁厚0.4厘米

木碗　　　　　　　　　　　　　　　编号：HGW41

近代
怒江傈僳族自治州文物管理所收藏
外口径16.2~17厘米
底径10.5厘米
高7厘米、内深4.6厘米、壁厚0.9厘米

木碗

编号：HGW42

近代
怒江傈僳族自治州文物管理所收藏
外口径14.5～15.3厘米
底径10.5厘米
高9厘米、内深6.7厘米、壁厚0.7厘米

木碗

编号：HGW47

近代
怒江傈僳族自治州文物管理所收藏
外口径18.2～19.5厘米
底径16.2～17厘米
高4.5厘米、内深3.5厘米、壁厚0.5厘米

木碗 编号：HGW52

近代
怒江傈僳族自治州文物管理所收藏
外口径20～20.5厘米
底径16～16.5厘米
高8.8厘米、内深6.2厘米、壁厚0.5厘米

木碗 编号：HSR6

近代
怒江傈僳族自治州文物管理所收藏
外口径11.7厘米、底径7.8厘米
高10.5厘米、内深8.7厘米、壁厚0.5厘米

木碗 编号：HSR41

近代

怒江傈僳族自治州文物管理所收藏

外口径28.5～29.8厘米

内口径27.3～28.6厘米

底径20.8～21.5厘米

高6.6厘米、壁厚1.2厘米

木碗 编号：HSR43

近代

怒江傈僳族自治州文物管理所收藏

外口径17.4厘米

底径13～13.5厘米

高9厘米、内深8.2厘米、壁厚1厘米

木碗

编号：木 2

近代
怒江傈僳族自治州文物管理所收藏
外口径12.8厘米、底径长8厘米
高8.2厘米、内深7厘米、壁厚0.3厘米

木碗

编号：HSR67

近代
怒江傈僳族自治州文物管理所收藏
外口径26厘米、底径20.5～21厘米
高9.1厘米、内深8.1厘米、壁厚0.4厘米

木撮箕

木撮箕 编号：HGW7

近代

怒江傈僳族自治州文物管理所收藏

外口长径48厘米、短径9.5～26厘米

高13.4厘米、内深10.9厘米、壁厚1.5～3厘米

木撮箕　　　　　　　编号：HSR19

近代
怒江傈僳族自治州文物管理所收藏
外口径14.5～44厘米、底径9～24厘米
高8.5厘米、内深7厘米、壁厚0.8～2厘米

木撮箕　　　编号：HSR53

近代
怒江傈僳族自治州文物管理所收藏
外口径15.6～31.2厘米
高7.5厘米、内深6厘米、壁厚0.6厘米

木 杯

木杯 编号：HGB12

近代

怒江傈僳族自治州文物管理所收藏

外口径6.5厘米、底径8厘米

高14厘米、内深11.2厘米、壁厚0.4厘米

木杯 编号：HGB11

近代

怒江傈僳族自治州文物管理所收藏

外口径7.5厘米、底径8厘米

高15厘米、深13.2厘米、壁厚0.4厘米

木杯 编号：HSR59

近代
怒江傈僳族自治州文物管理所收藏
外口径8厘米、底径8.6厘米
高18厘米、内深15厘米、壁厚0.3厘米

木杯 编号：HGW44

近代
怒江傈僳族自治州文物管理所收藏
外口径6.1厘米、底径7.7厘米
高11.5厘米、内深9.8厘米、壁厚0.4厘米

木杯

编号：HSR3

近代

怒江傈僳族自治州文物管理所收藏

外口径7.1厘米、底径8.1厘米

高16.5厘米、内深15.2厘米、壁厚0.5厘米

木 勺

木勺 编号：00404

近代
怒江傈僳族自治州文物管理所收藏
外口径11.9厘米、底径7.9厘米
高4.6厘米、内深4厘米、壁厚3.3厘米
柄长33.1厘米

木勺

编号：HGB20

近代
怒江傈僳族自治州文物管理所收藏
外口径8.5厘米、底径7.5厘米
高5.2厘米、内深4.5厘米、柄长25厘米

木勺

编号：木10

近代
怒江傈僳族自治州文物管理所收藏
外口径10.5～11.9厘米
高6.5厘米、内深5.1厘米、壁厚0.6厘米
柄长31厘米

木 瓢

木瓢　　编号：HGB15

近代
怒江傈僳族自治州文物管理所收藏
口长径22.2厘米、短径18.4厘米
底长径13厘米、短径9厘米
高8厘米、内深5.9厘米、柄长13.5厘米

木瓢　　编号：HGB26

近代
怒江傈僳族自治州文物管理所收藏
外口径17.5～18.5厘米
高8.5厘米、内深7.6厘米、壁厚0.8厘米
柄长23.5厘米、柄宽3.5厘米、柄厚3厘米

木瓢　　　　　　　　　　编号：HGB53

近代
怒江傈僳族自治州文物管理所收藏
外口径22.5～23厘米
高8.5厘米、壁最厚处1厘米、内深7.5厘米
柄长16.5厘米、柄宽2.8厘米

木瓢　　　　　　　　　　编号：HGB33

近代
怒江傈僳族自治州文物管理所收藏
外口径10～10.5厘米
高4.5厘米、内深3厘米、柄长11.5厘米

木瓢

无编号

近代
怒江傈僳族自治州文物管理所收藏
通长35.5厘米、壁厚1厘米
瓢口外长径20厘米、瓢口外短径9厘米

木 臼

木臼　　　　　　　　　编号：GDL1

近代

怒江傈僳族自治州文物管理所收藏

外口径12.8厘米、底径8～8.5厘米

高10.8厘米、内深7.2厘米、壁厚1.1厘米

木臼　　　　　　　　　编号：HGW49

近代

怒江傈僳族自治州文物管理所收藏

外口径14.6～17.5厘米

底径13.5～14厘米

高14.2厘米、内深10.5厘米、壁厚1.7厘米

木臼

编号：HGB45

近代
怒江傈僳族自治州文物管理所收藏
外口径8.3～9厘米、底径6.8厘米
高6.2厘米、内深4.5厘米、柄长4.3厘米

木臼

编号：HGB29

近代
怒江傈僳族自治州文物管理所收藏
外口径19～19.5厘米
底径14～15厘米
高12.5厘米、内深9.1厘米、壁厚3厘米
柄长10厘米、宽3厘米、厚4厘米

木臼

编号：HGB52

近代

怒江傈僳族自治州文物管理所收藏

外口径13～14厘米

底径10.5～14厘米

高15厘米、内深8.2厘米、壁厚2.5厘米

柄长12.5厘米、柄宽4.5厘米、柄厚4厘米

木臼

编号：HGW32

近代

怒江傈僳族自治州文物管理所收藏

外口径23.5～24厘米、底径19.5厘米

高12厘米、内深11.6厘米、壁厚3.5厘米

柄长18厘米、宽4厘米

木臼

编号：HGB46

近代

怒江傈僳族自治州文物管理所收藏

外口径9厘米、底径9厘米

高11厘米、内深6.5厘米、壁厚0.5厘米

柄长8厘米、宽5厘米

木臼

编号：木1

近代

怒江傈僳族自治州文物管理所收藏

外口径12.2～14厘米

底径9.3～11厘米

高7.6厘米、内深5.5厘米、壁厚1厘米

木臼

编号：HSR62

近代
怒江傈僳族普自治州文物管理所收藏
外口径12.8～13.4厘米
底径8～8.7厘米
高7.5厘米、内深5.8厘米、壁厚0.4厘米

木臼

编号：HSR2

近代
怒江傈僳族自治州文物管理所收藏
外口径15.5厘米、底径16厘米
高17.5厘米、内深15.6厘米、壁厚0.5厘米

木臼、木杵

无编号

近代

怒江傈僳族自治州文物管理所收藏

木臼：通高42厘米、口外径9厘米、底外径6厘米、壁厚3.5厘米

木杵：长73厘米、最大直径7厘米

木铃铛

编号：HGB42

近代
怒江傈僳族自治州文物管理所收藏
总长10.5厘米、总宽8.5厘米
厚1.5～5.7厘米

木铃铛

编号：HGB43

近代
怒江傈僳族自治州文物管理所收藏
总长15.5厘米、总宽13厘米
厚4.5～7厘米

木 号

木号 无编号

近代
怒江傈僳族自治州文物管理所收藏
长36厘米、最大口径8厘米、最小口径2.5厘米

木唢呐

正面　　　　　　　　背面

木唢呐　　　　　　　　无编号

近代
怒江傈僳族自治州文物管理所收藏
通长25.5厘米、大口外径9厘米、身径2厘米、小口外径0.5厘米

达比亚

达比亚　　　无编号

近代

怒江傈僳族自治州文物管理所收藏

长65厘米、琴腹面最宽8.2厘米、琴腹面最长5.5厘米、琴腹面厚4厘米

木酥油桶

编号：HGB8

近代

怒江傈僳族自治州文物管理所收藏

外口径23.7厘米

内口径17.9～19.5厘米

底径23.1～24.3厘米

高76.4厘米、内深72.2厘米

木酥油桶　　编号：HSR31

近代
怒江傈僳族自治州文物管理所收藏
外口径22.7～23.5厘米
内口径17～18.1厘米
底径23.9～24.5厘米
高68.8厘米、内深62厘米、壁厚2.8厘米

木酥油桶　　编号：HGB35

近代
怒江傈僳族自治州文物管理所收藏
外口径5.7～6厘米
底径5.7～6厘米
通高27.8厘米、内深23.5厘米、壁厚1厘米
杆长34.7厘米

木背
水桶

木背水桶   编号：木11

近代

怒江傈僳族自治州文物管理所收藏

外口径19.5～20.5厘米

内口径17.5～17.9厘米

底径19.5～21.2厘米

高57厘米、内深47.9厘米、壁厚1厘米

木背水桶

编号：木 12

近代
怒江傈僳族自治州文物管理所收藏
外口径20～20.7厘米
内口径17.1～17.9厘米
底径19.7厘米
高61.1厘米、内深56.3厘米、壁厚1.1厘米

木背水桶

编号：木 13

近代
怒江傈僳族自治州文物管理所收藏
外口径23.2～24.5厘米
内口径20.5～20.9厘米
底径23～23.5厘米
高56.8厘米、内深4厘米、壁厚1.2～2.2厘米

木掏金船

编号：GDL6

近代
怒江傈僳族自治州文物管理所收藏
长斜边72厘米、短斜边25厘米
底边51厘米、宽20.2厘米
高12.5厘米、壁厚1厘米

木蒸酒器

木蒸酒桶　　　　　　　　　　编号：1号

近代

怒江傈僳族自治州文物管理所收藏

外口径34.3～35.6厘米

内口径30.1～31.6厘米

底径35.5～43.8厘米

高58.3厘米、壁厚1.9厘米

方孔长直径4.7厘米、短直径4.4厘米

木承酒器　　　　　　　　　　编号：CDL4

近代

怒江傈僳族自治州文物管理所收藏

外口径28.5～30厘米

底径19.5～20厘米

高14厘米、内深11.3厘米、壁厚1.5厘米

流嘴长8厘米、宽4.5厘米

油 板

炸漆油板

无编号

近代
怒江傈僳族自治州文物管理所收藏
长57厘米、最宽34厘米、厚6厘米

木盛漆桶

盛漆桶 无编号

近代
怒江傈僳族自治州文物管理所收藏
桶高7厘米、桶直径8.5厘米、桶壁厚0.7厘米

割漆刀 无编号

近代
怒江傈僳族自治州文物管理所收藏
长8厘米、最宽2.5厘米、厚0.3厘米

木耙

编号：HGB54

近代
怒江傈僳族自治州文物管理所收藏
全长141.5厘米
耙杆宽2.6厘米、耙板长23.5厘米、耙板中宽10.5厘米
两侧耙板宽7.5厘米、耙板厚2.4厘米

弩 弓

弩弓（木） 无编号

近代
怒江傈僳族自治州文物管理所收藏
弩身长77厘米、弩身最宽90厘米、弩身厚6厘米

木溜板

木溜板 无编号

近代

怒江傈僳族自治州文物管理所收藏

长13厘米、宽4.5厘米、厚7厘米、槽深1.2厘米、槽宽1.3厘米

木溜板 无编号

近代

怒江傈僳族自治州文物管理所收藏

长13厘米、宽4.5厘米、厚7厘米、槽深1.2厘米、槽宽1.3厘米

打麦器

打麦器 无编号

近代

怒江傈僳族自治州文物管理所收藏

通长110厘米、最宽6厘米、柄直径最宽3厘米

后记

《怒江傈僳族自治州馆藏文物研究》经过编撰人员四年的辛勤耕耘，认真编写，现终于定稿出版了。

本书在编撰过程中得到了云南大学、怒江傈僳族自治州民族宗教事务委员会、怒江傈僳族自治州文化和旅游局等单位的大力支持。

云南大学李昆声教授在百忙之中为本书作序，在此表示最诚挚的谢意。

怒江傈僳族自治州位于三江并流世界自然遗产地中心，境内生活有傈僳族、怒族、独龙族、普米族、白族等少数民族，历史文化特色鲜明，民族文化资源丰富。但由于条件限制，本书仅仅展示了怒江的部分历史和民族文化资源，希望这些研究成果能起到抛砖引玉的作用。

怒江州文物管理所对外开放所内所有文物资料，建立怒江州文物信息资源共享平台，与广大关心怒江、研究怒江、开发怒江的专家学者、爱好者等建立联系，共商建设美丽怒江、人文怒江、和谐怒江之目的。

本书虽经多方努力，认真撰写编辑，并请专家学者审定，但由于编著者水平有限，谬误定所难免，诚心希望得到各界人士的批评指正。

《怒江傈僳族自治州馆藏文物研究》
编撰委员会

2020 年 2 月